Liebe Eltern!

Ihre Kinder sollen Spaß am Lesenlernen haben, und dazu brauchen sie motivierende Lesestoffe.
„Das kunterbunte Nilpferd" ist ein Konzept, mit dem Kinder spielerisch lesen lernen können. In vier Lesestufen steigt Ihr Kind Schritt für Schritt vom Leseanfänger bis zum fortgeschrittenen Leser auf.
Dieses Buch gehört zur zweiten Lesestufe. *Die kurzen Geschichten ab 6* sind für Allererstleser gedacht, die schon etwas mehr Text bewältigen können. Fünf kleine Geschichten in kurzen Sinnzeilen mit vielen bunten Bildern ermöglichen einen raschen ersten Leseerfolg. Und wenn die allerersten Leseschritte Spaß machen, ist Ihr Kind auch motiviert weiterzulesen, und es wird bald die nächste Lesestufe erreichen.

Prof. Dr. Maria-Anna Bäuml-Roßnagl
Institut für Schulpädagogik und Grundschuldidaktik
Ludwig-Maximilians-Universität München

Rosemarie Künzler-Behncke/
Irmtraud Guhe

Die fröhliche Winterhexe
und andere Weihnachtsgeschichten

Schneider Buch

Die Deutsche Bibliothek – CIP-Einheitsaufnahme

Die fröhliche Winterhexe und andere Weihnachtsgeschichten :
[mit zwei lustigen Rätseln] / Rosemarie Künzler-Behncke/Irmtraud Guhe. –
München : Egmont Schneider, 2000
   (Das kunterbunte Nilpferd : Kurze Geschichten ab 6)
   ISBN 3-505-11246-1

Dieses Buch wurde auf chlorfreies,
umweltfreundlich hergestelltes
Papier gedruckt. Es entspricht den
neuen Rechtschreibregeln.

Der Schneider Verlag im Internet:
http://www.schneiderbuch.de

© 2000 by Egmont Franz Schneider Verlag GmbH
Schleißheimer Straße 267, 80809 München
Alle Rechte vorbehalten
Titelbild und Illustrationen: Irmtraud Guhe
Logoillustrationen und Vorsatz: Jutta Timm
Grafische Gestaltung: Uli Gleis
Rätselseiten: Dorothea Tust
Lektorat: Henriette Wich
Herstellung/Satz: Gabi Lamprecht, 20˚ Schoolbook Reg.A
Druck: Ludwig Auer GmbH, Donauwörth
Bindung: Conzella Urban Meister, München-Dornach
ISBN 3-505-11246-1

00 01 / 8 7 6 5 4 3 2 1

Inhalt

8

Die fröhliche Winterhexe

Der kleine Engel sitzt
traurig auf einer Wolke.
Die anderen Engel sind
alle zur Erde geflogen.
Zum Weihnachtssingen.

Der kleine Engel durfte
nicht mit,
weil er noch so klein ist.
Wenn er nur
ein bisschen was
von Weihnachten
hören oder sehen könnte!

Neugierig fliegt
der kleine Engel
von einer Wolke zur anderen.

Immer ein wenig tiefer.

Da fängt es plötzlich

an zu stürmen.

Eine Wolke jagt dahin und

lässt dicke Flocken fallen.

Sie reißt den kleinen Engel

nach unten.

Er plumpst aufs Schneedach
eines Häuschens.
Puh! Das ist kalt am Po!
Wusch! Auf dem Besen kommt
eine kleine Frau angesaust.
Sie kichert.

„Ich bin die
Winter-Wetter-Weihnachtshexe
und hab grad
ein bisschen
Weihnachtswetter gemacht.
Nichts für kleine Leute
mit nacktem Po!"

Die Hexe nimmt den Engel
mit in ihr Häuschen.
Dort singen sie
„O Tannenbaum".
So kann der kleine Engel
doch noch Weihnachten
auf der Erde feiern.

Weihnachtsmann verletzt!

Max zieht seinen Schlitten
durch den Park.
Das Rodeln war klasse.
Nanu! Wer sitzt da
auf der Bank?
Roter Mantel, rote Mütze,
weißer Bart, großer Sack.

15

Das kann nur *einer* sein:
der Weihnachtsmann!

Er zieht einen Stiefel aus.
Max bleibt stehen.
„Was machst du denn hier?"
„Mein Fuß ist gebrochen",
sagt der Weihnachtsmann.
„Ich kann
nicht mehr laufen."

16

„Soll ich dich
ins Krankenhaus bringen?"
Der Weihnachtsmann
schüttelt den Kopf.
„Ich muss
zum Kindergarten.
Die Kinder warten schon."
Da zieht Max ihn
auf dem Schlitten dorthin.

Der Weihnachtsmann verteilt
seine Gaben vom Schlitten aus.
Die Kinder tanzen
voller Freude um ihn herum.
Der Weihnachtsmann
freut sich auch.
Wie ein Schneekönig.

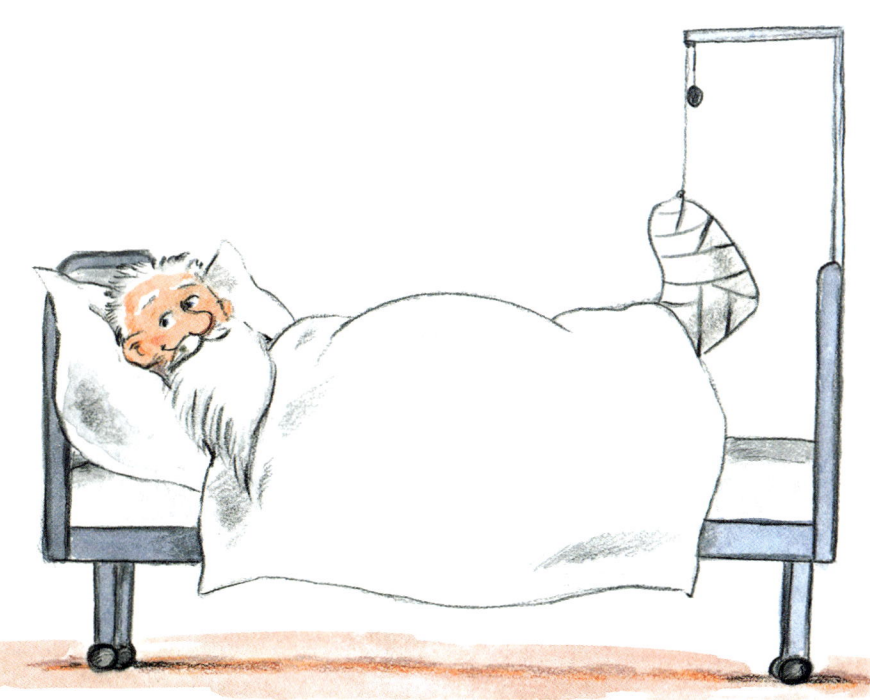

Dann bringen ihn die Kinder
ins Krankenhaus nebenan.
Ein Weihnachtsmann
mit Gipsverband.
Na, so was!
Gute Besserung,
lieber Weihnachtsmann!

Besser als ein Hund?

„Super! Ein Hund!"
Bille stürzt sich
auf den Karton
unterm Weihnachtsbaum.
Sie hebt
den Deckel hoch.

Es ist
ein grüner Wellensittich.
Bille zieht
ein langes Gesicht.
„Ein Vogel macht
nicht so viel Arbeit
wie ein Hund",
sagt Mama.
„Der Wellensittich kann
sogar sprechen!",
sagt Papa.

„Knallkopp! Halt die Klappe!",
ruft der Wellensittich.
Mama lächelt und nimmt
den Vogel auf die Hand.
„Geh weg, alte Schachtel!",
schreit der Wellensittich.
Er flattert
in den Tannenbaum
und zerfetzt
einen Strohstern.

Beim Abendessen plumpst er
in die Schlagsahne.
„Jetzt ist Schluss!"
Papa greift in die Schüssel.
„Hände hoch, Knallkopp!",
ruft der Wellensittich.

Es hilft ihm nichts.

Er muss zurück in den Käfig.

„Möchtest du nicht doch

lieber einen Hund?",

fragt Papa.

Aber jetzt will Bille

den Wellensittich behalten.

Leos Geschenke

Leo seufzt.

Er möchte

allen etwas schenken.

Aber das ist schwierig.

Papa wünscht sich
oft mehr Zeit.
Die müsste er sich
schon selber schenken.
Mama wünscht sich manchmal
ein braves Kind.
So ein Quatsch!
Wo gibt es
das denn zu kaufen?

Opa wünscht sich
seine Ruhe.
Das ist auch schwierig.

Oma wünscht sich
junge Beine.
Na ja, kann man verstehen.
Plong! Da kommt Leo
plötzlich eine Idee.

Er wird allen etwas malen.

Das ist super

und kostet kein Geld!

Und schon geht es los.

Für Papa malt Leo

eine Uhr ohne Zeiger.

So hat Papa jede Menge Zeit.

Mama kriegt ein Baby

mit Lachgesicht.

Oma bekommt Rollschuhe
für ihre müden Füße.
Und Opa kriegt eine Mütze
mit Ohrenklappen.
Jippieh!

Leo klatscht
in die Hände
und hüpft vor Freude.
Jetzt kann
Weihnachten kommen!

Der Schneebär

Wie jedes Jahr treffen sich
die Waldtiere zu Weihnachten
vor einer kleinen Tanne.
Der Förster hat die Tanne mit
bunten Kugeln geschmückt.
Die Futterkrippen sind
gefüllt mit Heu und Nüssen.

Das Reh, der Hase, die Maus,
der Dachs und das Wildschwein
hoppeln, springen und hüpfen
um die kleine Tanne.
Dann beginnt das Festessen,
bis die Futterkrippen
leer sind.

Danach bauen sie
einen großen Schneebären.

Doch plötzlich
ist die Maus verschwunden.
Alle rufen:
„Maus, wo bist du?"
Da piepst es ganz leise.
Das Piepsen kommt
aus dem Schneebären!

Sofort fängt
das Eichhörnchen
an zu graben.
Die Maus kullert
aus dem Bauch
des Schneebären heraus.
Sie zittert vor Kälte.
„Wir wollten dich
nicht einsperren!
Komm in unsere Mitte",
grunzt das Wildschwein.

Gemeinsam wärmen die Tiere
die Maus wieder auf.

Und dann feiern sie weiter,
bis der Mond aufgeht
und der Schnee
wie Diamanten glitzert.

Die Winterhexe hat ganz viele Lebkuchen gebacken. Wie viele von jeder Sorte sind es? Schreibe die Zahlen auf die Schilder.

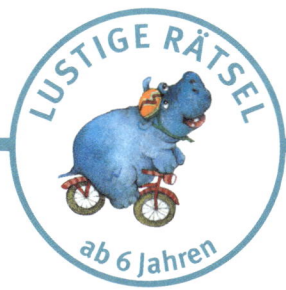

LUSTIGE RÄTSEL
ab 6 Jahren

Wer kommt Weihnachten auf die Erde?
Das Lösungswort des Rätsels sagt es dir.

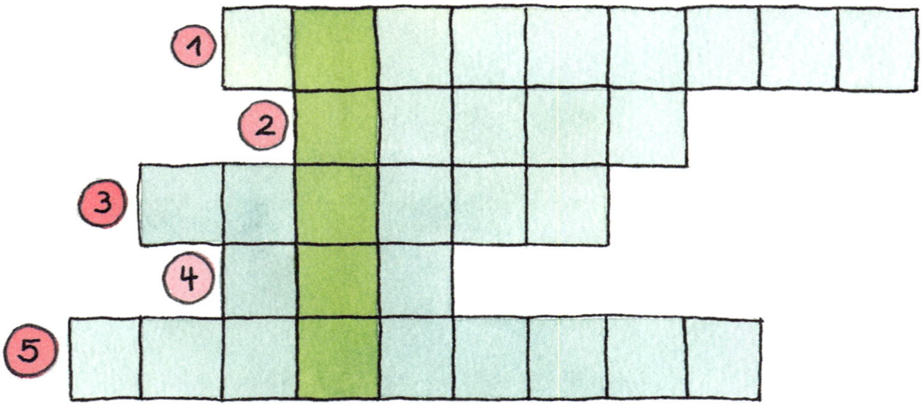
1
2
3
4
5

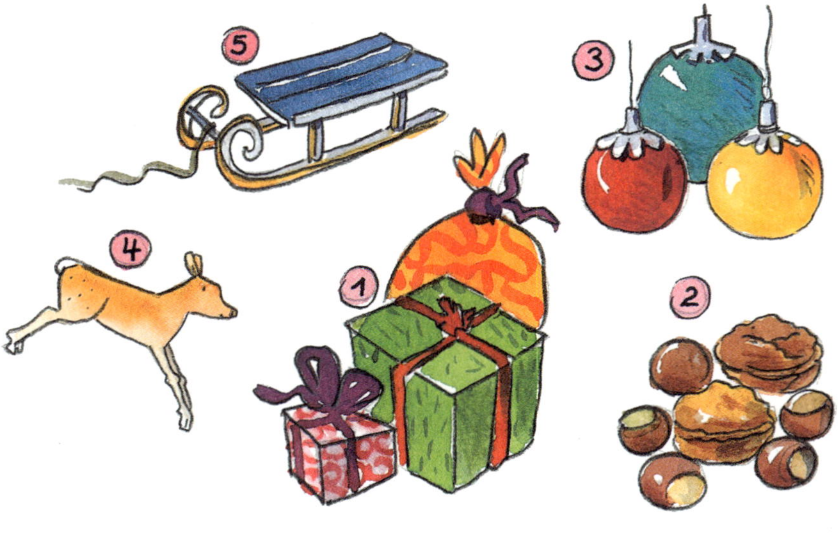
5
3
4
1
2

Auflösung: Geschenke, Nüsse, Kugeln, Reh, Schlitten; Lösungswort: Engel

Das kunterbunte Nilpferd
In vier Stufen spielend lesen lernen

2. Stufe
Kurze Geschichten ab 6

**Alle Bücher mit
zwei lustigen Rätseln**